리고와 로사 첫 번째 이야기

리고와 로사가
생각 여행을 떠났다

로렌츠 파울리 글
카트린 셰러 그림
국세라 옮김

고래뱃속
GORAEBAETSOK

차례

나를 지켜 줘 ----------------- 4

서로를 알아가기 ------------- 10

믿음 ------------------------ 14

축제 ------------------------ 18

안다는 것 ------------------- 22

멀리, 가까이 ---------------- 26

무언가가 되기 -------------- 31

나 혼자만은 아니니까 -------- 34

수리수리마수리 ------------- 38

저런, 몸조심해야지 --------- 42

상상해 봐 ------------------ 46

틀림없어 ------------------- 50

세상의 끝 ------------------ 54

참 아름답다 ---------------- 60

자유 ----------------------- 66

같이 놀자 ------------------ 70

챔피언	76
늙는다는 것	79
생일	82
심심해	87
질문	92
사실	96
되돌리기	98
사진	102
친구	106
걱정	110
해 봐	114
이야기	118

나를 지켜 줘

잠을 잘 수가 없어. 나쁜 동물들이 무서워서 말이야.
그러니까 이리 와서 나를 좀 지켜 줘!

　표범들은 잠자는 걸 좋아해요.
　리고는 표범이에요. 더 정확히는 동물원에 사는 표범이지요.
　동물원에 사는 동물은 아주 깊이 잠들 수 있답니다. 야생 동물보다 훨씬 더 푹 잘 수 있어요.

　그런데 리고는 지금 도무지 잠을 잘 수가 없어요. 어디선가 누가 울고 있는 소리가 들렸거든요.
　리고는 앞발로 귀를 틀어막고 싶은 심정이었어요. 하지만 앞발은 베개로 써야 했지요.
　울음소리는 그칠 줄을 몰랐어요.
　리고는 우리 안을 둘러보았어요.

가까이에서 작은 생쥐 한 마리가 울고 있었지요.
리고는 생각했어요.
'왜 우는지 물어볼까? 아니면 잡아먹을까? 일단 물어나 보자. 잡아먹는 거야 물어본 다음에 해도 되니까. 거꾸로 하기는 좀 어렵지만.'

표범 리고가 으르렁거리며 물었어요.
"왜 울고 있니?"
"잠을 잘 수가 없어."
생쥐가 훌쩍거리며 대답했어요.
"왜?"
"나쁜 동물들이 무서워서 말이야."
"그래?"
리고가 한숨을 내쉬었어요.
"그러니까 네가 나를 좀 지켜 줄 수 있겠니?"
생쥐가 간절히 부탁했어요.
표범 리고가 킁킁 콧바람을 내며 되물었어요.
"나보고 너를 지켜 달라고?"
리고는 몇 발짝 가까이 다가가서 생쥐를 자세히 살펴보았어요.

"그거 참 웃기는 생각이네. 네 이름은 뭐니?"
"나는 로사야. 이리 와서 나를 좀 지켜 줘!"

리고는 로사 주위를 느릿느릿 맴돌다가 커다란 덩치를 뽐내듯이 당당하게 앉아서 로사를 내려다보며 말했어요.
"자, 이제 안심하고 잠들렴."
로사가 잠들려고 애쓰다가 금세 고개를 저었지요.
"뭐가 좀 껴안을 만한 부드러운 게 있으면 좋겠는데……."
리고가 으르렁거리며 땅에 엎드렸어요. 그러자 로사는 리고의 점박이 털 속으로 기어들어갔지요.
"푹신푹신한 네 털로 나를 좀 덮어 주면 더 좋을 텐데……."
리고가 고개를 끄덕이며 꼬리를 휘감아 로사를 덮어 주었어요. 꼬마 생쥐 로사의 아주 작은 코 끝만 빼꼼히 밖으로 나왔지요.
"이제 자장가 좀 불러 줄래?"

리고는 한숨을 푹 내쉬었어요. 그러고는 사바나 지역의 소나무에 대한 노래를 불러 주었지요. 몸이 나른해진 로사는 다시 고개를 들고 리고에게 물었어요.

"나쁜 동물들은 분명히 못 오겠지?"
"물론이지."
리고가 대답하며 입을 크게 벌리고 하품을 했어요.
리고의 날카로운 이빨이 번뜩였답니다.

서로를 알아가기

나한테는 무엇이든 이야기해도 돼.
그럼 우리는 서로를 더욱 잘 알게 될 테니까.

리고가 잠에서 깨어났어요.
로사는 여전히 리고의 털 속에 파묻혀 쿨쿨 자고 있었지요.
이제 리고는 몸을 펴고 좀 움직이고 싶었어요. 지난밤의 찬 공기 때문에 늙은 표범 리고의 뼈마디가 시큰해졌거든요. 하지만 리고는 꼬마 생쥐 로사를 깨우고 싶지는 않았어요.
리고는 조심조심 하품을 하며 해 뜨는 쪽을 바라보았어요.

비둘기 한 마리가 사슴 우리 위에 앉아 구구거렸어요. 얼룩말들은 아직 쿨쿨 자고 있었고요.

리고가 로사를 내려다보니 로사가 빙그레 웃으며 기지개를 켰어요. 그러고는 이렇게 말했지요.

"드디어 일어났구나! 사실 나는 아까 잠에서 깼는데, 널 깨우지 않으려고 움직이지 않고 가만히 있었어."

리고가 이빨을 보이며 싱긋 웃었어요.

"그렇구나, 우리 둘 다 마음씨가 참 착한 모양이네. 너무 심하게 착하다는 생각이 들 정도인걸. 어쩌면, 우리가 아직 서로에 대해 잘 알지 못하기 때문인지도 모르고."

로사가 고개를 끄덕였어요.

"좋아! 그럼 나에 대해 말해 줄게. 나는 페루산 야생늪생쥐야. 희귀종이지. 아주, 아주 드물어! 우리 종의 생쥐는 이제 겨우 열두 마리밖에 안 남았어. 라마 털로 보금자리를 짜는 것이 우리들의 특징이야. 우리가 만든 보금자리는 어찌나 아름다운지 새들이 자꾸 훔쳐가곤 하지……."

리고는 감격했어요.

"네가 페루산 야생늪생쥐일 줄은 난 정말 몰랐어."

그러자 로사가 쿡 하고 웃음을 터트렸지요.

"페루산 야생늪생쥐라는 건 원래 있지도 않아! 내가 꾸며낸 거지. 아주 멋지게 들리길래 말이야. 나는 뭔가 특별해지고 싶거든."

"넌 좀 능청맞구나."

리고가 말했어요.

"이제 너에 대해 좀 더 알겠네. 네가 하는 말을 곧이곧대로 믿어서는 안 된다는 걸. 그리고 네가 훌륭한 이야기꾼이라는 것도 말야. 이제 내 이야기를 들려줄게. 나는 숨 소리도 들리지 않을 만큼 조용하게 움직일 수 있어. 내가 살금살금 기어가면 아무도 내가 움직이는 소리를 듣지 못한단다."

로사가 미소지으며 말했어요.

"나도 이제 너에 대해 좀 더 알겠어. 네 귀가 잘 들리지 않는다는 사실을 말야. 네가 걸어다닐 때마다 뼈마디가 삐그덕거리는 소리를 듣지 못한다는 거잖아. 하지만 뭐, 상관없겠지. 어차피 네 먹잇감은 동물원 사육사가 가져다 주니까. 큰 고깃덩어리……."

리고는 깜짝 놀랐어요.

"너, 내가 고기를 먹는다는 걸 알고 있었단 말야? 놀랄까 봐 말하지 않으려고 했는데."

로사는 리고의 부드러운 털을 쓰다듬었어요.

"나한테는 무엇이든 이야기해도 돼. 그럼 우리는 서로를 더욱 잘 알게 될 테니까. 그리고 난 듣기 싫은 소리에는 귀머거리가 될 수도 있거든."

이제 기지개를 쭉 켜고 싶어진 리고는 로사에게 부탁했지요.
"일어나야겠다. 내 몸에서 좀 내려가렴."
리고의 따뜻한 털 속에 파묻혀 있던 로사가 꼼짝도 않고 큰 소리로 말했어요.
"뭐라고? 무슨 말인지 하나도 안 들려!"

믿음

난 너를 무서워할 수가 없어.
난 너를 믿으니까.

로사는 리고를 떠올려 보았어요.
리고 곁에 있으면 로사는 참 좋았어요.
요즘 로사의 하루는 두 종류로 나뉘었어요.
하나는 리고를 찾아가는 날이에요. 참 좋은 날들이었어요.
또다른 하나는 리고에게 찾아갈 수 없는 날이지요. 이미 리고 곁에 있었으니까요. 마찬가지로 좋은 날들이었어요.
로사는 잘 알고 있었어요. 떠남은 다시 돌아옴이 있어 아름답다는 것을요.
그래서 로사는 동물원 이곳저곳을 돌아다니기를 참 좋아했답니다. 관람객들이 오기 전 이른 아침이 가장 좋았지요.

이제 로사는 표범 우리에 도착했어요. 표범 우리 아래로 기어들어가 리고 곁으로 갔지요. 리고에게 물개에 대해 말해 주고 싶었거든요.

로사는 리고 옆에 자리를 잡았어요.
꼬마 생쥐 로사는 리고를 올려다보았어요.
'리고가 어제와는 뭔가 좀 달라진 걸까?'
리고는 불안한 눈빛으로 주위를 둘러보고, 벌떡 일어났다가, 다시 앉았다가, 또다시 일어났어요.
로사는 리고 뒤를 총총걸음으로 따라다니며 물었어요.
"너 어제와 똑같은 그 표범 맞는 거지?"
리고는 걸음을 멈추더니 잠시 생각에 잠겼어요.
"맞기도 하고 아니기도 해. 원래 모두들 항상 똑같기도 하고 다르기도 한 법이니까. 예를 들자면 어제 말이야, 나는 기분이 아주 좋았어. 그런데 오늘은 아주 고약한 기분이거든. 온 세상을 조각내어 잘근잘근 씹어먹어도 시원찮을 정도로…….”

표범 리고는 다시 엎드렸어요.
로사는 리고의 앞발 위로 폴짝 뛰어올랐지요.
"헉! 세상을 조각내서 잘근잘근 씹어먹는다니……. 그럼 어쩌면 나까지도?"
로사가 리고의 앞발에 다리를 걸치고 건들건들거리며 물었어요.
리고는 잠시 생각하더니 "아니야. 넌 말고."라고 대답했지요.
"왜 나는 아닌데? 조각내서 씹기에는 너무 작아서?"
자존심이 상한 로사가 물었어요.
"아니야. 그게 아니라……. 네가 나를 믿기 때문이야. 지금도 넌 나를 믿고 내 앞발에 앉아 있잖아. 그런데 내가 너를 씹어먹어 버린다면, 내가 너의 믿음을 씹어 없애는 것과도 같은 거야. 그럴 수는 없지."
로사는 표범 리고의 털 몇 가닥을 골라내어 땋으며 곰곰이 생각해 보았어요.
"그러니까, 난 너를 겁내지 않으니까 걱정할 필요 없단 말이지? 내가 만약에 너한테 겁을 먹고 숨었더라면 넌 나를 잡아먹어 버렸겠네?"
리고는 말없이 고개를 끄덕였어요.

로사는 표범 리고를 향해 고개를 치켜들고 잇몸을 드러내며 웃어 보였어요.
"난 가끔씩은 내가 연약한 꼬마 생쥐가 아니었으면 좋겠어. 난 가끔씩은 다른 동물들이 나를 엄청 무서워했으면 좋겠어. 리고야, 혹시 너 나를 좀 무서워해 줄 수 있겠니?"

리고는 눈을 지그시 감았어요.
그러고는 아주 진지한 얼굴로 말했지요.
"아니, 그건 안 되겠다. 나는 너를 무서워할 수가 없어. 난 너를 믿으니까."

축제

하루하루가 특별한 날이야.
그렇지만 오늘은 이 특별한 날을 좀 더 특별하게 기념할 수도 있겠지.

표범 리고는 털고르기를 하고 있었어요.
혀로 앞발을 핥고, 앞발로는 머리를 쓸어 주고.
그리고 다시 혀로 앞발을.
아주 간단하지요.
딱 한 곳, 목 뒤쪽 어딘가는 털고르기를 하기가 힘들었어요.
로사가 리고를 보고 있다가 물었어요.
"오늘이 무슨 특별한 날이라도 돼? 왜 그렇게 오랫동안 몸을 닦고 있어?"
리고가 계속 털을 핥으며 대답했지요.
"하루하루가 특별한 날이지. 나는 날마다 이렇게 꼼꼼하게 몸을 닦아. 그렇지만 오늘은 이 특별한 날을 좀 더 특별하게 기념할 수도 있겠지……."
로사가 폴짝 뛰어올랐어요.
"좋아! 우리 무엇을 기념할까? 크리스마스? 생일? 부활절? 부화절? 봉황절?"
리고는 잠시 생각해 보았어요.

"그냥 기념하는 거지 뭐!"

로사는 리고의 말이 전혀 마음에 들지 않았답니다.
"그럼 별로 신나지가 않잖아. '뭐라도 기념 대축제'는 어때?"

리고가 다시 몸을 핥기 시작했어요.
"그렇다면 나는 좀 더 몸단장을 해야겠어. 뭐라도 기념 대축제에 아주 멋진 모습으로 등장할 테야."

로사는 리고의 말이 또다시 마음에 들지 않았지요.
"그렇게 까다롭게 굴지 말라고! 나를 봐! 나는 씻지도 않았잖아!"

리고는 문득 깜짝 놀라 로사를 바라보았어요.

정말이네요. 리고는 꼬마 생쥐에게로 다가가서 킁킁거리며 냄새를 맡아 보았어요. 그러고 나서 핥아 주기 시작했지요.

머리끝에서 발끝까지, 그리고 다시 발끝에서 머리끝으로. 몸통도 핥고. 그리고 다시 머리끝에서 발끝까지.

로사는 찍찍거리고, 바둥바둥거리며, 킬킬거렸어요. 표범 리고의 까칠까칠한 혓바닥이 얼마나 간지러운지, 참기가 힘들었거든요. 로사는 숨을 헐떡거렸어요.

"자, 이제 네 차례다!"

로사는 표범 리고의 등을 타고 올라가 리고의 목 뒤를 깨끗하게 핥아 주었어요.

리고가 킥킥 웃었어요.

그렇게 리고와 로사는 크게 소리를 지르고, 몸단장을 하고, 깔깔거렸어요.

마침내 아주 깨끗해진 둘은 나란히 앉았지요.

로사가 표범 리고의 옆구리를 툭 치며 말했어요.

"축제를 준비하는 게 너무나 근사해서, 뭐라도 기념 대축제는 안 해도 되겠어."

안다는 것

나는 모든 것을 잘 알고 싶어.
나한테 도움이 되는 것들뿐만 아니라 모두 다 말이야.

꼬마 생쥐 로사는 까만 눈을 반짝거리며 해를 바라보고 있었어요. 푸르른 하늘에 새 한 마리가 지저귀고 있었지요. 어디서부터 나는지 모를 향긋한 냄새가 따뜻한 공기를 감쌌어요.
로사는 리고에게 물었어요.
"오늘이 일요일이야?"
리고가 딱 잘라 대답했지요.
"아무렴 어때."
로사는 공기 내음을 킁킁 맡으며 말했어요.

"이게 무슨 냄새지? 아무튼, 어쨌거나, 여하튼 오늘은 아주 대단한 날인데, 오늘이 무슨 요일인지도 모른다니! 이건 말도 안 돼!"

리고는 발톱으로 귀를 긁적이더니 로사에게 느긋하게 말했지요.
"나는 요일의 이름을 알 필요가 없는걸. 무슨 요일인지 몰라도 하루를 아주 제대로 즐길 수 있으니까 말이야. 내가 하루에 이름을 붙여 무슨 요일이라고 부를 수 있다고 해서 내일 그날이 다시 돌아올 수 있는 것도 아니잖아."

"그래도 이름이 있으면, 그날을 더 잘 기억할 수 있잖아."
로사가 큰 소리로 말했어요.

"나는 모든 것을 잘 알고 싶어. 나한테 도움이 되는 것들뿐만 아니라 쓸모없는 것까지도 모두 다 말이야. 파파야가 어떤 맛인지도 알고 싶고, 세상에서 가장 높은 산은 얼마나 높은지도 알고 싶어. 저 새가 어디로 날아가는지도 알고 싶고."

로사는 구름 한 점 없는 하늘을 다시 올려다보았어요.

리고는 꼬마 생쥐 로사가 이야기를 늘어놓는 동안 다른 발톱으로 목을 긁적거렸어요.
"어차피 넌 모든 것을 잘 알 수는 없을 텐데, 그것 때문에 불행하다는 생각이 들게 되지는 않겠어? 예를 들자면 말야, 네가 끝끝내 파파야를 발견하지 못한다면, 파파야 맛이 어떤지 평생 모르고 넘어갈 것 아냐."
로사는 작은 몸이 중심을 잃고 휘청거릴 정도로 힘차게 고개를 절레절레 저었어요.
"불행한 게 아니라 행복한 거지, 이 멍청한 고양잇과 동물아. 내가

호기심을 갖고 지내다 보면, 뭔가를 발견하게 될 거야. 그러다 어느 날 파파야를 발견한다면 엄청 기쁘겠지. 파파야 맛이 아주 고약하더라도 말이야. 중요한 건 말이야, 내가 뭔가를 더 알게 된다는 거야."

리고는 따뜻한 바위 위에 몸을 쭈욱 펴고 누웠어요.
'로사 말이 맞을 수도 있겠다.'
리고는 골똘히 생각했지요.
그러더니 뭔가 결심이 선 듯 로사에게 물었답니다.
"로사야, 그런데 파파야라는 게 대체 뭐야?"

멀리, 가까이

내가 어디에 있든 간에,
내 마음은 항상 너와 가까이에 있어.

표범 리고는 편안하게 누워 있었어요. 꼬리만 살랑살랑 흔들고 있었지요. 리고는 먼 곳을 바라보고 있었어요.

꼬마 생쥐 로사가 리고의 앞발 위로 기어 올라갔어요.

아무 일도 일어나지 않았어요.

로사가 리고의 발톱을 잡아당겨 보았지요.

아무 일도 일어나지 않았어요.

로사가 리고의 앞발에 올라타 폴짝폴짝 뛰어 보았어요.

아무 일도 일어나지 않았어요.

로사는 숨을 깊게 들이마시더니 있는 힘껏 크게 찍찍 소리를 내 보았어요.

아무 일도 일어나지 않았어요.

이제 로사는 리고의 점박이 털을 폴짝폴짝 뛰어 리고의 머리 끝까지 올라가서는 귀 옆에 자리를 잡고 앉았지요.

로사는 다시 숨을 깊이 들이마시고 있는 힘을 다해……

……아니에요. 로사는 소리를 지르지 않았어요. 그저 한숨만 푹 내쉬었지요.

그런데 로사에게 번뜩 좋은 생각이 떠올랐답니다. 로사는 리고의 귀에 대고 나직하게, 하지만 또박또박 속삭였어요.

"치키치키 차카차카 초코초코촉."

로사는 이 말이 리고의 귓속을 엄청 간지럽힐 것이라는 걸 아주 잘 알았거든요.

드디어 표범 리고가 움직이네요.

"너구나?"

리고가 자기 귀를 올려다보려고 애를 썼어요.

로사가 빙그레 웃었어요.
"아닌데?"
리고는 미소지었어요.
생쥐 로사는 표범 리고의 이마에 올라앉아 다리를 흔들거리며 물었어요.
"내가 그렇게 크게 울음소리를 내고 네 몸에서 경중경중 뛰어다녔는데도 왜 꿈쩍도 하지 않은 거야?"

"전혀 몰랐는걸."
리고가 이마를 잔뜩 찡그리며 대답하는 바람에 로사는 하마터면 떨어질 뻔했지요.
"내가 멀리 좀 떠나 있었거든……."
"아니잖아. 넌 여기 있었잖아. 아프가니스탄쯤은 되어야 멀리 다녀왔다고 할 수 있지."
"거기도 갔었어……. 마음속에서 말이야."
리고가 으르렁거렸어요.
"만약 내가 이 동물원에서 태어나지 않았더라면, 거기가 내 고향이었을지도 모르지. 고향이 그리워. 나한텐 고향이란 게 없지만."
로사는 리고가 무슨 말을 하는 건지 잘 알 수는 없었지만 고개를 끄덕였어요.

"그렇구나."
로사가 말했어요.
"그럴 땐 마음속으로 아주 멀리까지도 갈 수 있는 거구나."
로사는 표범 우리 아래로 쪼르르 빠져나갔어요. 리고는 로사를 찾아보았어요. 로사가 없어졌네요.
"어디 간 거야? 가지 마!"

리고가 고개를 저었어요. 아니, 표범이 꼬마 생쥐를 그리워한다는 게 말이 되나요? 리고가 정말 생쥐에게 "가지 마!"라고 말한 건가요?

어디선가 로사의 목소리가 들려왔어요. 로사가 낼 수 있는 가장 큰 소리로 외치고 있었지요.
"나 어디 안 가. 내가 어디에 있든 간에, 내 마음은 항상 너와 가까이에, 아주아주 가까이에 있어……."

무언가가 되기

나는 생쥐가 되고 싶어서 이렇게 생쥐가 된 거거든.
생쥐가 나한테 잘 어울린다고 생각했으니까…….

리고는 아주아주 오랫동안 표범잠을 잤어요.
로사는 리고가 깨어나기를 기다렸지요.
로사는 아주 오랫동안 기다려야 했어요.
로사는 꼬리로 줄넘기를 하며 시간을 때웠지요.

드디어 표범 리고가 깨어났어요. 로사가 아주 중요한 질문을 할 시간이 된 것이지요.
"넌 언제 표범이 되기로 마음먹은 거야?"
로사가 계속 꼬리로 줄넘기를 하며 물었어요.

리고가 지금까지 생각해 본 적이 없는 질문이었지요. 리고는 곰곰이 생각해 보았어요.
"아주 오래 전이었을 거야. 어찌 되었든 기억나지 않아."
그러고는 잠시 후에 로사에게 물었지요.
"너는 내가 마음만 먹었으면 생쥐가 되었을 수도 있다고 생각하는 거야?"

로사는 여전히 폴짝폴짝 줄넘기를 하며 숨을 헐떡였어요.
"당연하지. 그렇지 않았다면 이 세상에 생쥐는 없었을 테니까. 나는 생쥐가 되고 싶어서 이렇게 생쥐가 된 거거든."

리고는 놀랐지요.
"뭐라고? 그럼 표범 같은 게 될 수도 있었는데, 생쥐가 되기로 결심했단 말이야? 왜?"
이제 로사는 꼬리 끝자락으로 귀를 청소하고 있었답니다.

"그야 생쥐가 나한테 잘 어울린다고 생각했으니까……. 너는 최고로 멋있는 표범이지만, 가끔씩은 네가 생쥐가 아니라는 게 좀 섭섭하기도 해."

리고가 씨익 웃었어요.
'그래, 내가 좀 멋있긴 하지.'
리고는 자기의 아름다운 털을 내려다보며 몸을 쭈욱 폈지요. 그러고는 말했답니다.
"지금이라도 배울 수 있지 않을까? 어느 정도의 생쥐스러움 말이야. 내가 배울 수 있는 게 분명히 있을 거야. 넌 어때? 가끔씩 표범스러움을 좀 느껴 보고 싶지 않니?"

이날 오후 꼬마 생쥐 로사는 아주아주 긴 표범잠을 쿨쿨 잤어요. 로사가 잠을 자는 동안 표범 리고는 너도밤나무 열매를 생쥐처럼 갉아먹고, 표범 우리 안을 생쥐처럼 쏜살같이 달려 보았지요.
다만 꼬리로 줄넘기를 할 엄두는 내지 못했답니다.

나 혼자만은 아니니까

이제 별로 나쁘지 않은 것 같다.
이 짜증 나는 날씨에 힘들어하는 게 나 혼자만은 아니니까 말이야.

추운 날이었어요.
로사는 하나 둘 하나 둘 체조를 하며 몸을 따뜻하게 만들었어요.
앞발로 물구나무서기, 코를 쭉 내밀고 꼬리를 끝까지 펴기, 엉덩이를 왼쪽으로 실룩실룩, 오른쪽으로 샐룩샐룩.
그런데 표범 리고는 제자리에 앉아 로사를 지켜보기만 했어요. 체조하는 걸 지켜보는 것만으로 몸이 따뜻해지지는 않았지요.

"체조하기 좋은 날씨야. 뛰고! 돌고! 달리고! 발을 구르자. 쿵쿵!"
리고는 고개를 저었어요.
"아냐. 짜증 나고, 짜증 나고, 짜증 나는 날씨라고."

로사는 열심히 체조를 하다가 멈춰 섰어요.

"이것 좀 봐. 너도 느껴지지? 정말 끝내주고, 끝내주고, 끝내주는 날씨인걸. 서늘하고, 공기가 아주 상쾌하잖아. 맑은 공기가 코로 살며시 스며들어서 폐를 꽉 채우는 걸 느껴 봐. 최-고-야."

리고는 나무 꼭대기를 올려다보았어요.
"이제 비까지 내리기 시작하는군. 짜증 나고, 짜증 나고, 짜증 나는 날씨야."

로사는 무릎 굽히기 운동을 하며 말했지요.
"그러네. 이제 잘 보이지? 모든 게 생생하게 자라나고 있어. 나뭇가지에 맺힌 빗방울이 반짝반짝 다이아몬드 같네. 너 빗방울을 아주 가까이에서 본 적 있니?

빗방울 속 세상은 모든 것이 거꾸로 보여! 땅이 촉촉해지면 얼마나 좋은 냄새가 나는지 몰라. 나뭇잎들이 살랑살랑거리는 소리도 들려! 그리고 새들은 각기 다른 소리로 지저귄단다! 최-고-야."

리고가 몸을 부르르 떨며 빗물을 털어냈어요.
"내 표범 우리를 진흙탕으로 만드는 짜증 나는 비에다가, 코가 꽁꽁 얼어붙을 것 같은 짜증 나는 추위, 이 짜증 나는 날씨에 짜증 나는 바람까지 불어 대서 내 털이 온통 곤두서잖아. 아휴!"

이제 로사는 공중제비를 돌기 시작했어요.
"사, 이제 한번 봐 봐! 바람 따라 소나무가 이리저리 움직이잖아! 너한테 손 흔들어 인사하네! 바람이 새로운 냄새를 실어다 줬어. 감자튀김 냄새도 나지? 저기 봐. 나뭇잎들이 땅에서, 하늘에서 춤을 추잖아! 이리 와, 같이 춤추자!"

리고가 킁킁 콧바람을 불었어요.

로사는 마지막 공중제비를 돌았어요.
어지러워진 로사는 리고의 털 속을 파고들어가 리고의 털을 쓸어올리며 말했지요.

"사실 네 말이 맞아. 축축하고, 춥고, 바람 불고, 짜증 나는 날씨야. 좋게 생각하면 조금이나마 기분이 덜 나쁘지 않을까 싶어서 괜히 그래 본 거야."
"이제 별로 나쁘지 않은 것 같다."
"왜?"
"이 짜증 나고, 짜증 나고, 짜증 나는 날씨에 힘들어하는 게 나 혼자만은 아니니까 말이야."

수리수리마수리

"너 스스로한테도 마법을 부릴 수 있어?"
"물론이지! 하지만 네가 눈을 꼭 감고 있어야 해."

로사는 앞발로 색연필을 쥐고 허공에 휘두르고 있었어요.
리고는 입을 한껏 크게 벌리고 웃으며 물었지요.
"오케스트라 지휘라도 하는 거야?"
로사가 눈을 굴리며 대답했지요.
"지휘하는 게 아니라 마법을 부리는 거야.
내가 마법을 부릴 수 있다는 걸 몰랐어?"

리고는 정말 몰랐어요.

"내가 마법을 부려서 해를 하늘에 떠 있게 한 거야. 내가 아니었다면 하늘은 초록색일걸."

로사가 말했어요.

리고는 하늘을 올려다보았어요.

"정말 멋진 일을 해냈구나. 저렇게 아름다운 해와 눈부시도록 푸르른 파란색이라니. 나에게도 마법을 좀 부려 줄 수 있겠니?"

로사는 마술봉을 들어올리더니 말했어요.

"수리수리마수리! 곰의 귀로 변해라!"

리고는 감탄했어요.

"내 귀를 볼 수는 없지만, 곰의 귀가 된 것 같아. 너 스스로한테도 마법을 부릴 수 있어?"

로사가 공중에 마술봉의 균형을 잡으며 대답했어요.

"물론이지! 하지만 네가 눈을 꼭 감고 있어야 해."

리고는 눈을 감고 기다렸어요.

로사가 마술봉을 들어올리며 말했지요.

"수리, 수리, 마수리! 나는 날 수 있다!"

리고가 다시 눈을 떴을 때 로사는 나무 위에 앉아 있었어요. 로사는 의기양양하게 나무 위에 앉아 먼 곳을 바라보고 있었지요.

"이번엔 무슨 마법을 부려 볼까? 사육사가 이리로 와서 너한테 먹이를 주도록 해 볼게!"

 로사는 마술봉을 들어올리더니 수리수리마수리 마법 주문을 외웠어요. 리고는 꼬마 생쥐 친구에게 감탄했어요.
 "사육사가 곰의 귀를 보면 안 될 텐데. 마음에 들어하지 않을 거야. 마법으로 다시 되돌려놔 줘!"

"수리수리마수리!"
로사는 사육사가 모퉁이를 돌기 직전에 때맞춰 주문을 외웠답니다.

저런, 몸조심해야지

나는 세상에서 가장 행복한 생쥐야.
왜냐하면 나의 코감기 표범 친구가
몸이 좀 나아졌으니까.

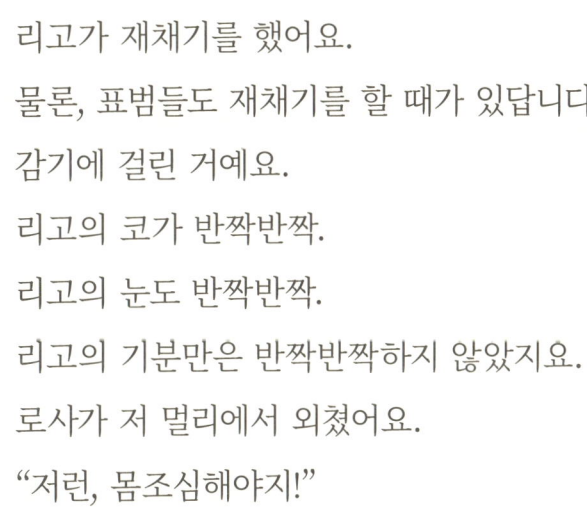

리고가 재채기를 했어요.
물론, 표범들도 재채기를 할 때가 있답니다.
감기에 걸린 거예요.
리고의 코가 반짝반짝.
리고의 눈도 반짝반짝.
리고의 기분만은 반짝반짝하지 않았지요.
로사가 저 멀리에서 외쳤어요.
"저런, 몸조심해야지!"

곧이어 로사가 애기괭이밥 한 다발과 솔잎과 딸기나무잎을 들고 나타났어요.

로사가 환하게 웃었어요.

"널 위해 준비했어! 빨리 나으렴!"

리고는 당황해서 어찌 할 바를 몰랐어요.

"좋은 친구 로사야, 나한테는 풀잎다발을 꽂을 꽃병이 없어."

로사가 눈에 힘을 주고 말했지요.

"이 풀잎다발은 꽂아 놓고 보는 게 아니야. 천천히 꼭꼭 씹은 다음 물이랑 같이 조금씩 조금씩 삼켜야 해."

리고는 식은땀이 났어요. 감기 때문은 아니었어요. 저 초록색들을 먹어야 한다는 사실에 겁이 났기 때문이지요. 표범은 육식 동물이지 초식 동물이 아니잖아요.

하지만 꼬마 생쥐 로사의 마음을 상하게 하고 싶지는 않아서 아주 조심스럽게 물어보았답니다.

"이게 어디에 좋은 거야?"

로사가 초록잎다발을 리고의 얼굴 앞에 대고 흔들었어요.

"내가 해보니까 정말 좋아. 보이지? 나 엄청 건강하잖아. 컨디션도

항상 최-고-고. 나는 날마다 애기괭이밥을 먹어. 엄청 시큼하지만 그래도 꼭 먹지. 뾰족뾰족한 솔잎도 꼭 먹고. 딸기나무잎은 털이 많아서 끔찍해 보이긴 하지만 잊지 않고 챙겨 먹어."

"좋은 친구 로사야, 네가 그 시큼하고 뾰족뾰족하고 끔찍하게 털이 많은 초록색들을 먹지 않으면 컨디션이 훨씬 더 좋아지지 않을까? 지금보다 수백 배나 최-고-가 되지 않을까? 그럼 너는 세상에서 가장 행복한 생쥐가 될 수도 있을 테고 말이야."

로사가 잽싸게 어디론가로 가더니 물이 조금 들어 있는 호두껍질 하나를 끌고 돌아왔어요.
"나는 이미 지금도 세상에서 가장 행복한 생쥐야. 왜냐하면 나의 코감기 표범 친구가 아까보다는 몸이 좀 나아졌으니까. 네가 그런 말도 안 되는 소리를 늘어놓는다는 건 분명히 꽤나 건강해졌다는 이야기거든."
"그런데 왜 호두껍질에 물을 담아 온 거야?"
리고가 미심쩍다는 듯이 물었어요.
로사가 눈동자를 굴리더니 대답했답니다.
"그야 풀잎다발을 꽂아 둘 꽃병이지."

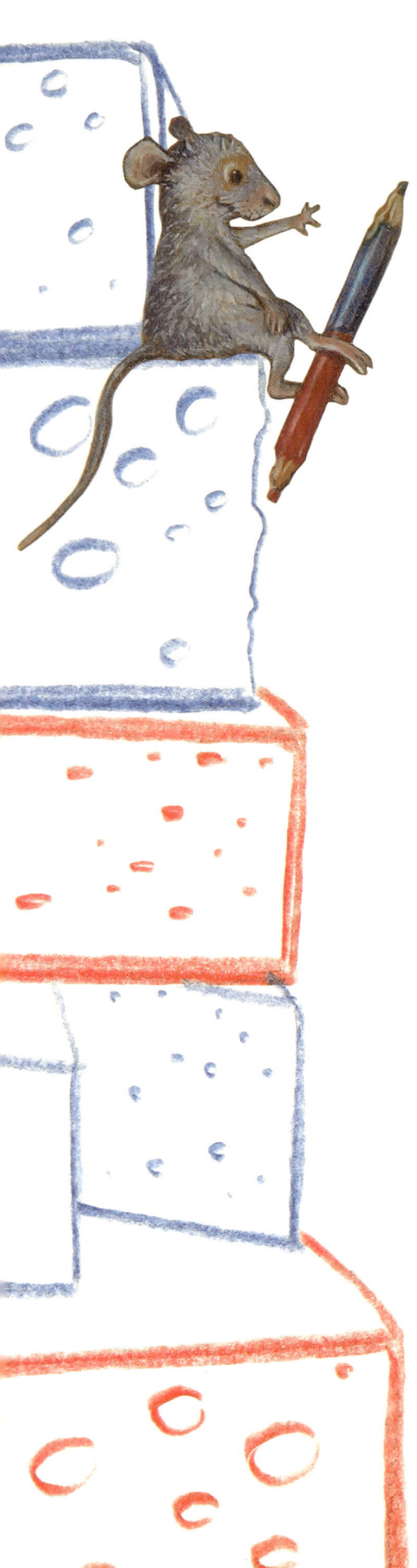

상상해 봐

모든 것을 새롭게 만들면
정말로 더 좋아질까?

"한번 상상해 봐."
리고가 말했어요.
"네가 뭐든 새롭게 만들 수 있다고 상상해 봐. 이 땅을, 숲을, 산을, 바다를 말이야."
로사는 조그마한 앞발을 내려다보았어요.
"이렇게 작은 발로?"
로사는 미심쩍은 듯 되물었지요.
"에이."
리고가 말을 이었어요.
"아무튼 말이야. 그냥 상상해 봐! 모든 걸 새롭게 만들 수 있다면!"

로사는 두 눈을 꼭 감았어요. 금세 로사의 눈 앞에 새로운 세상이 펼쳐졌답니다. 리고에게 그대로 이야기해 줄 수 있을 정도로 또렷하게요.

"엄청 커다란 숲에 햇빛이 환하게 비치고 있어. 작은 바위 동굴들도 있고, 시냇물이 이끼 사이를 졸졸 흐르고 있어. 그리고 이 커다란 숲이 끝나면 넓고 푸르른 초원이 펼쳐져. 밀밭과 호두나무와 해바라기가 있어. 그리고 치즈 산도. 좀 더 가다 보면 바다가 나와. 가끔씩 파도가 높게 쳐서 공중에 물방울을 뿌리면 무지개가 나타나."

로사가 조그마한 눈을 반짝 뜨더니 리고를 찬찬히 살펴보았어요.
"너는 어떻게 해볼까? 너도 새롭게 만들어 봐야지. 털은 보라색으로 바꾸고, 털 위에 초록색 별을 얹을 거야. 캥거루처럼 주머니를 만든 다음, 내가 그 안에 쏙 들어갈래. 네 고약한 입냄새도 없애 줄게."
리고가 빙그레 미소지었어요.

로사가 상상한 세상을 더 잘 떠올려 보려고 리고도 눈을 지그시 감았어요. 로사가 들려주는 아름다운 세상에 조금 더 오래 머물고 싶어서 리고는 눈을 감은 채로 물었지요.
"모든 것을 새롭게 만들면, 정말로 더 좋아질까?"

둘은 골똘히 생각해 보았어요.
새 한 마리가 지저귀고 있었지요.

마침내 리고가 물었답니다.
"내 입냄새가 그렇게 고약해?"
로사가 리고의 앞발을 토닥토닥 두드려 주었어요.
"네 입냄새도 너의 한 부분이잖아. 입냄새만 떼어 놓고 생각하면 좀 고약하긴 해. 하지만 네 입냄새라고 생각하면……. 그건 괜찮아."

틀림없어

그 아이한테는 바로 나 자체가
선물이었던 것 같아.

리고는 햇볕을 쬐며 로사를 바라보았어요.

꼬마 생쥐 로사는 노래를 흥얼거리며 표범 우리를 재빨리 가로질러 갔지요. 무언가 아주 바쁜 일이 있는 모양이에요.

리고는 살금살금 로사 뒤를 따라가서 로사가 바쁘게 움직이는 모습을 지켜보았어요.

로사는 리고가 곁에 온 것을 알지 못하는 눈치였어요.

"뭐 하니?"

마침내 리고가 입을 열었어요.

로사는 하던 일에서 눈을 떼지 않은 채 대답했어요.

"나 기뻐서 날아갈 것만 같아! 선물을 만들고 있거든. 아주 많이. 사람들한테까지 나눠 줄 수 있을 정도로 많아."

리고가 고개를 갸웃거리며 물었어요.
"무엇을 선물하는데?"
로사가 자그마한 앞발로 도토리 하나를 높이 치켜들었어요.
"이런 거. 잘 봐. 내가 이빨로 갉아서 껍질에 무늬를 새겨 넣었어!"
리고는 "그렇구나."라고 대답할 뿐이었어요.

로사는 도토리를 들고 잽싸게 표범 우리를 빠져나갔어요. 그러고는 길 한복판에 준비한 선물을 놓고 살그머니 돌아왔지요.

로사는 멀리서 무슨 일이 일어날지 지켜보았어요.
한 아주머니가 지나갔어요. 아주머니는 도토리를 미처 보지 못하고 밟아 버렸지요.
와그작! 실망한 로사의 콧수염이 축 처지고 바르르 떨렸어요. 겨우 힘을 낸 로사는 또다른 도토리를 집어들어 멋지게 꾸몄어요.
"이건 저기에 있는 아이한테 줄 거야!"
말이 끝나기도 전에 로사는 다시 쏜살같이 밖으로 나가더니 선물을 길에 두고 재빨리 표범 우리 안으로 되돌아왔답니다. 꼬마 생쥐 로사는 아이가 도토리를 어떻게 할지 숨죽여 지켜보았어요.
하지만 아이는 도토리를 그냥 발로 차 버렸어요.
도토리는 펭귄 우리까지 날아갔지요.

그런데 뜻밖의 일이 일어났답니다. 아이가 표범 우리 안에 있는 로사를 발견한 거예요.
"생쥐다! 아주 작은 생쥐예요! 저기 좀 보세요!"

아이가 소리쳤어요.
아이의 엄마 아빠는 아무것도 못 보고 앞으로 가려고만 했지요.

그런데 아이는 그 자리에 멈춰 섰어요.
아이는 흰올빼미도 여우도 보고 싶어 하지 않았어요.
"저기예요! 저기 좀 보세요! 귀여운 생쥐예요! 틀림없어요!"

얼마 후 로사는 리고의 앞발 위에 누워서 곰곰이 생각해 보았어요.
"그 아이한테는 바로 나 자체가 선물이었던 것 같아."
리고가 로사를 툭 치며 말했어요.
"정말이야. 아까 그 아이가 그랬잖아. 네가 틀림없어!"

세상의 끝

우주의 텅 빈 공간도 어디엔가 끝이 있겠지?
그럼 그 다음에는 무엇이 이어질까?

로사는 생쥐 굴을 다시 팠어요.

표범 우리 안에 생쥐 굴을 판다는 건 쉬운 일이 아니었어요. 땅이 몹시 단단했는데, 리고는 로사를 도와줄 생각이 없었어요. 그저 고개를 갸우뚱하며 물어볼 뿐이었지요.

"도대체 왜 굴을 파고 있는 거니?"

로사는 잠시 생각했어요.

"이게 내 방식인걸. 생쥐들은 원래 굴을 파. 그리고 나는 생쥐잖아."

"표범들은 원래 사냥을 해. 그리고 나는 표범이잖아……. 그렇지만 널 건드리진 않을게. 난 뭔가를 할 수도 있고, 아무것도 안 할 수도 있거든. 그러니까 내가 사냥을 안 하는 것처럼 너도 굴을 안 파도 돼."

리고가 주장했어요.

그래도 로사는 굴을 파는 것을 멈추지 않았답니다.

리고가 웃었어요.

"그렇게 계속 땅을 파다가 지구 반대편으로 나가는 거 아니야? 호주 같은 곳 말이야. 네가 파 놓은 생쥐 굴로 호주의 바닷물이 표범 우리까지 흘러 들어오면 참 좋겠다. 그럼 아침밥으로 물고기를 먹을 수도 있잖아."

로사가 굴을 파는 것을 멈추었어요.

"나는 이 세상에 끝이 있을 거라고는 상상도 못했는데, 땅에도 끝이 있다니 얼른 떡갈나무 위로 올라가야겠어."

리고가 이마에 주름을 지었어요.

"갑자기 왜?"

"땅이 무섭게 흔들리고 갑자기 갈라지면서 호주가 우리 쪽으로 밀려올 거 아냐."

리고는 한숨을 푹 내쉬며 꼬마 생쥐 로사에게 지구는 단단하고 둥근 공이라고 말해 주었어요.

하지만 리고가 말을 마치기도 전에 로사가 말했어요.

"움직이면 안 돼! 단단하고 둥근 공이 굴러서 우리가 떨어지면 어떡해. 공 아래에 깔리면 아주 납작해질지도 몰라!"

리고는 다시 한숨을 쉬었어요.

"이 공은 위아래가 없어. 바닥에 놓여 있는 게 아니라 우주에서 둥둥 떠다니고 있거든."

로사는 도무지 이해할 수가 없었어요.

'단단하고 둥근 공이라면 틀림없이 아주 무거울 텐데. 그리고 무거운 물건들은 원래 둥둥 떠다닐 수가 없는 건데.'

리고는 다시 설명을 해 보려고 했어요.
"이 공은 우주의 텅 빈 공간에서 떠돌고 있는 거야."
하지만 이 설명도 로사에게는 별로 효과가 없었어요.

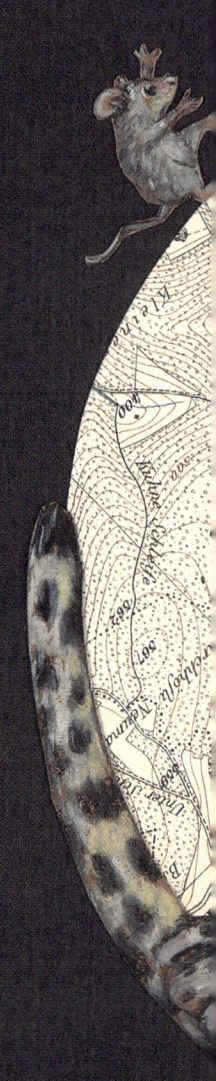

로사는 깊이 생각해 보았어요.
"그런데 그 텅 빈 공간도 어디엔가 끝이 있겠지? 그럼 그 다음에는 무엇이 이어질까?"

할 말이 없어진 리고는 골똘히 생각했어요.
'로사는 질문이 참 많아! 이걸 어떻게 다 설명할 수 있을까?'

그러다가 미소를 지었어요.
"이리 와. 우리 술래잡기 놀이 하자."
로사가 앞발로 박수를 쳤지요.
"그럼 누가 술래야?"

"당연히 나지. 표범들은 원래 사냥을 해. 그리고 나는 표범이라고."

참 아름답다

우리 서로 참 잘 통하는 것 같은데,
너도 그렇게 생각하니?

리고는 바위 위에 올라가 엎드려 있었어요.
그곳이 리고가 가장 좋아하는 자리였지요.
로사는 리고의 목덜미에 자리를 잡고 털 속에 파묻혀 있었어요.
그곳이 로사가 가장 좋아하는 자리였지요.
꼬마 생쥐 로사와 표범 리고는 팔랑팔랑 하늘을 날아가는 나비 한 마리를 바라보고 있었어요.
리고가 그르렁그르렁 소리를 냈어요. 로사가 지금까지 거의 들어 본 적 없는 소리였어요.
리고는 꼭 고양이처럼 그르렁그르렁거렸지요. 소리만 조금 더 컸을 뿐 고양이 소리와 꼭 닮았어요.

그러더니 간지럽다고 키득키득 거렸지요. 로사가 리고의 목덜미에 자기 몸을 비벼 대고 있었거든요.

둘은 또다른 나비 한 마리가 날아와 아까 그 나비와 함께 햇빛을 받으며 춤을 추는 것을 지켜보았어요.
리고가 한숨을 푸욱 내쉬었어요.
"참 아름답다."

리고의 목덜미에 자리잡고 있던 로사는 몸을 움찔했지요.
"아니지. '참 아름답다'는 적당한 말이 아니야. 무언가 다른 말이 필요해."
리고는 그르렁 소리를 멈췄어요.
"어떤 말?"
로사는 금방 뭔가를 떠올렸어요.
"정말 펄럭펄럭우아해!"
리고가 고개를 끄덕였어요.
"그래. 정말 펄럭펄럭우아하다. 오늘은 참 펄럭펄럭우아한 날이야."
그러자 로사가 강하게 고개를 저었지요.

"아니, 아니, 아니! 그런 때에는 펄럭펄럭우아하다는 말이 어울리지 않잖아! 오늘은 초콜릿봉봉 같은 날이야."

리고는 고개를 끄덕였어요.

"그렇다마다."

로사가 말을 이었지요.

"그리고 저기 저쪽에, 나무 사이사이로 햇살 조각이 비치고 풀잎에 이슬 방울이 맺혀 윤기가 자르르 흐르는 저곳. 저기는 한 마디로 엄청 반짝반짝영롱해!"

리고는 고개를 갸우뚱했어요.

"저기는 좀 얼룩덜룩하마촉촉하지 않아?"

리고가 고개를 한쪽으로 기울이는 바람에 로사는 쭈욱 미끄러졌지요. 로사는 다시 리고의 목을 타고 기어올라 리고의 오른쪽 귀까지 높이높이 올라갔어요.

리고는 귀를 움찔거렸어요. 로사가 귓속말을 하자 생쥐 수염이 귀를 콕콕 찔렀거든요.

"우리 서로 참 잘 통하는 것 같은데, 너도 그렇게 생각하니?"

리고가 다시 그르렁거리며 대답했어요.
"거대최고롭다고 생각하냐는 말이지……?"

로사가 고개를 저으며 미끄럼을 타고 리고의 목으로 내려갔답니다.
"아니, 난 참 아름답다고 생각해."

자유

너는 야생에서의 생활을 누리고 있잖아.
너같이 사는 삶이 그 어떤 물건보다 값진 거야.

로사는 기분이 좋지 않았어요.

표범 우리 안에 앉아서는 어찌나 기분 나쁜 표정을 짓고 있던지, 리고는 웃음을 참을 수가 없었지요.

그래서 로사는 더욱 더 화가 났어요.

"웃을 일 아니거든! 이 세상은 너무 불공평해."

리고는 로사의 맞은편에 앉아 의아한 얼굴로 로사를 바라보았어요.

로사가 씩씩거렸어요.

"너는 표범이잖아. 그래서 사람들은 표범 나으리를 위해 온갖 것들을 가져다가 표범 우리를 만들어 주었지. 그리고 저기 바다오리들도 좀 봐. 바다오리들을 위해서도 갖가지 물건들로 거대하고 아름다운 새장을 만들어 주었지. 곰은 또 어떻고? 곰 무리한테는 심지어 별의별 걸로 아예 공원을 만들어 주었잖아. 그런데 나는? 나 따위는? 어? 아무것도 없어. 아무것도! 생쥐 공원도 없고, 생쥐 새장도 없고, 생쥐 우리도 없다고. 나처럼 몸집이 작은 동물들은 뭐 하나라도 누리면 안 되는 거야?"

여태까지 리고는 로사가 이렇게나 오랫동안, 이만큼이나 화가 나서 말하는 것을 들어 본 적이 거의 없었어요.
리고는 코끝으로 로사를 툭 치며 말했어요.
"바보야, 내가 참 아끼는 꼬마 생쥐 친구야, 사람들이 나한테 왜 그러는지 정말 몰라서 그래? 이건 모두 미안해서 그런 거잖아. 그래, 사람들은 나한테 표범 우리를 줬지, 왜냐하면 나한테 이렇게 말하고 싶었을 테니까.
'미안, 너를 자유롭게 살지 못하게 해서. 대신에 이렇게 멋진 표범 우리를 줄게.'
다른 동물들한테도 마찬가지야. 바다오리?
'우리가 미안하다. 야생에는 너희 같은 새들이 얼마 안 남았거든. 그 대신에 우리가 여기 동물원 안에서 아주 잘 돌봐 줄게.'
꼬마 생쥐 너는 사과를 받은 적이 없잖아. 항상 자유를 즐길 수 있고, 우리 안에 있는 동물들이 상상할 수도 없는 야생에서의 생활을 누리고 있으니까. 너같이 사는 삶이 그 어떤 물건보다 값진 거야. 맨날 툴툴거리는 곰 친구들도 생쥐 너를 부러워한단다. 아무리 커다란 곰 공원이라도 네가 누리는 자유와는 비교도 할 수 없는 거야."

로사가 진지한 표정으로 리고를 바라보았어요.
"그럼 내가 너를 가여워해야 하는 거야?"

리고는 잠시 생각해 보았지요.
"아냐. 나는 비록 야생에서 살지는 못하지만, 그 대신에 친구가 하나 있잖아. 진짜 야생 생쥐!"

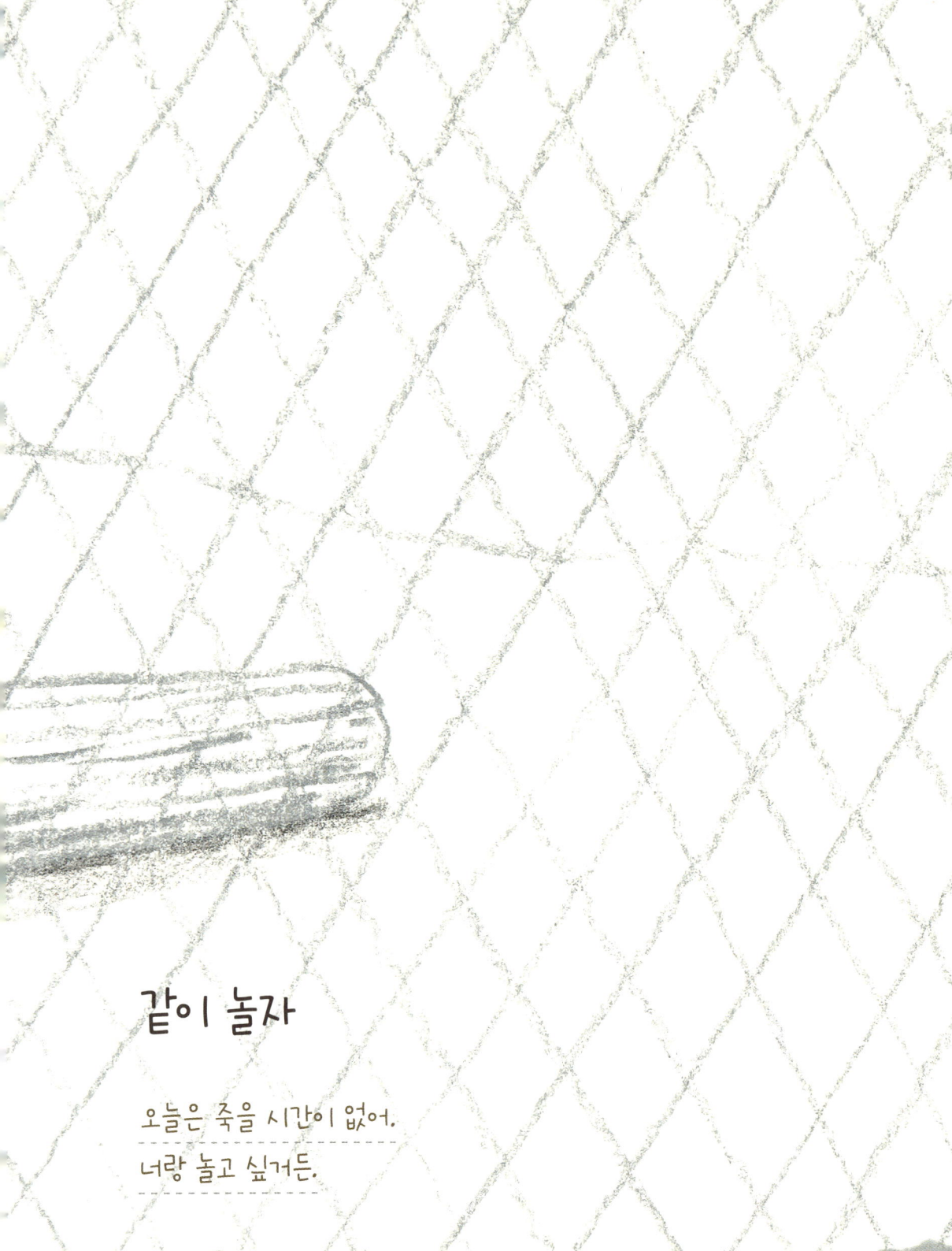

같이 놀자

오늘은 죽을 시간이 없어.
너랑 놀고 싶거든.

리고가 보이지 않았어요.

로사는 리고와 같이 놀고 싶었지요.
사람들을 열받게 하기 놀이. 누가누가 더 가만히 멍하게 있나 놀이. 표범 털 속에 생쥐 파묻기 놀이. 상상놀이…….
숨바꼭질.
그런데 아무리 주위를 둘러보아도 리고가 보이지 않았어요.
리고를 불러 보았어요. 아무런 대답도 없었어요.
리고가 가장 좋아하는 바위에 앉아 보았어요.
바위에서는 리고 냄새가 났지요.
로사는 곰곰이 생각해 보았어요.
'어떡하지? 리고가 멀리 떠나 버렸으면 어쩌시? 영원히 돌아오지 않으면?'
로사는 아주 잘 알고 있었어요. 생쥐의 삶이 표범의 삶보다는 훨씬 더 많이 위험하다는 것을요. 하지만 리고에게 무슨 일이 생겼는지도 모르는 일이지요. 리고는 꽤나 늙은 표범이었거든요. 가끔씩은 걷다가 다리를 비틀비틀거려서 로사가 웃음을 터트리기도 했지요.
　로사는 표범 우리 밖을 내다보았어요.
'표범 친구가 울타리 사이로 빠져나가 버린 걸까?'
'플라밍고 우리로 놀러간 걸까?'
'아니면 혹시 아침밥으로 자기 자신을 잡아먹어 버린 건 아닐까?'

　로사는 오랫동안 기다렸어요. 문득 저 멀리 바위 뒤에서 리고가 불쑥 나타날 것만 같은 느낌이 들었지요. 그렇지만 리고는 나타나지 않았어요.

　로사는 꼬리를 앞발 사이로 길게 빼고는 슬픈 표정으로 앉아 있었어요.
'혹시 리고가 죽은 건 아닐까? 리고는 로사를 참 잘 위로해 줬는데.'
　리고가 있다면 분명 이렇게 말했을 거예요.
"이봐, 꼬마 생쥐 친구! 이리 와. 같이 놀자! 사람들 열받게 하기 할까? 아니면 누가누가 더 가만히 멍하게 있나 놀이? 표범 털 속에 생쥐 파묻기? 상상하기 놀이……?"

로사는 자기가 리고라고 상상해 보았어요. 리고가 가장 좋아하는 바위에 올라앉아 네 다리를 쭈욱 펴 보았지요. 그러고는 비틀비틀 일어나서 눈을 껌뻑거리며 펭귄 우리를 내다보고 힘차게 표범 울음소리를 내어 보았지요.

펭귄들이 생선을 먹다 말고 깜짝 놀라 잠시 조용해졌어요.

"방금 그 소리 네가 낸 거였어?"
리고가 로사 뒤에 서 있었어요.
로사는 깜짝 놀라서, 그리고 또 반가운 마음에 그 자리에서 폴짝폴짝 뛰어올랐지요.
"어디 갔다 온 거야?"
"쇼핑 갔다가, 네일케어도 하고, 영화도 좀 보고."
리고가 씨익 웃었어요.
"물론 농담이지. 수의사한테 다녀오는 길이야. 이제 내가 늙었다나. 난 이미 한참 전부터 알고 있었는데 뭐."
"그럼 너 죽는 거야?"
로사가 물었지요.
"그래. 물론이야. 하지만 오늘은 죽을 시간이 없어. 너랑 놀고 싶거든. 누가누가 더 가만히 멍하게 있나, 어때!"

챔피언

내 소원은 바로 이거야.
남들보다 뭔가 한 가지라도 더 잘하는 것!

로사는 표범 우리를 돌아다니며 도토리로 축구 연습을 했어요.
이쪽에서 저쪽으로 왔다 갔다 했지요. 그러다가 도토리가 리고 발 앞에 툭 떨어졌어요.
리고가 앞발로 도토리를 아주 살짝 건드리자, 도토리는 멋지게 포물선을 그리며 저 멀리 커다란 바위까지 날아갔답니다.
바위 위에 툭 떨어진 도토리는 미끄러져 나무에 부딪히고, 이끼 사이로 통통 튀어오르더니, 로사가 나뭇가지 세 개로 만들어 놓은 골대로 쏙 굴러 들어갔지요.
앞발로 허리를 짚은 로사가 이마를 잔뜩 찡그렸어요.
"나는 연습하고, 연습하고, 또 연습했는데 네가 나보다 훨씬 더 잘하잖아. 이건 불공평해. 왜 항상 덩치 큰 동물들은 작은 동물들보다 모든 것을 더 잘할 수 있는 거지?"
리고가 씨익 웃었어요.
"좀 기다려 보렴. 언젠가 나만큼 자라면 너도 잘할 날이 오겠지."
로사가 얼굴을 찡그렸어요.

"하나도 안 웃기거든, 이 거대한 털뭉치야. 나는 작은 동물이고 앞으로도 계속 작을 거야……. 그래서 내 소원은 바로 이거야. 남들보다 뭔가 하나라도 더 잘하는 것! 나는 이겨 보고 싶어! 챔피언! 나는 세계 챔피언이 되고 싶다고! 가끔씩 나는 몸집이 작을수록 소원은 커지는 게 아닐까 하는 생각이 들어. 나는 아주, 아주 작잖아."

리고는 로사가 바라는 게 무엇인지를 알아챘어요.
리고가 제안했지요.
"이리 와 봐, 이 성질 급한 꼬마 생쥐야. 공원 저쪽에 있는 벤치까지 달리기 시합하자. 먼저 도착하면 이기는 거야!"
꼬마 생쥐와 표범은 달리기를 시작했어요. 로사는 짧은 다리로 할 수 있는 한 재빨리 달렸지요. 하지만 리고가 훨씬 더 빨랐어요……. 울타리 안쪽까지는요. 리고는 울타리까지만 갈 수 있으니까요.
울타리 틈으로 쓰윽 빠져나간 꼬마 생쥐 로사는 쉭쉭 바람을 가르며 쏜살같이 달려 벤치에 도착했지요.

"이겼다!"
로사가 행복에 겨워 소리 질렀어요.

리고는 로사를 축하해 주었답니다.

얼마 후 둘은 만족스러운 얼굴로 표범 우리 안에 나란히 누웠지요. 리고는 챔피언 로사가 또 무엇을 잘할 수 있는지에 대해 말해 주었어요.
"……아무도 너만큼 신나게 공중제비를 돌 줄 모르지. 아무도 너보다 빨리 비 냄새를 맡지 못해. 그리고 지난번에 네가 까마귀들을 깜짝 놀라게 했던 거, 아주 멋졌어. 한밤중에 네가 떠오르는 해에 대한 이야기를 들려줄 땐 내 몸이 털끝까지 아주 따뜻해졌었지……."

그리고 로사는 리고가 무슨 챔피언인지 알게 되었지요.
리고는 바로 로사 행복하게 하기 챔피언이랍니다.

늙는다는 것

> 늙으면 추억이 많아져. 추억은 높은 나무에서
> 저 멀리 있는 풍경을 내려다보는 것과 비슷하지.

로사는 폴짝 뛰어 길을 건너고 덩굴을 빠져나가 표범 우리를 쏜살같이 기어올라 리고에게로 갔어요.

리고는 입에 나무 조각을 하나 물고 씹고 있었지요.

딱딱 소리가 났어요.

"리고야, 있잖아. 내가 용기를 내서 늑대 우리에 갔었거든. 그냥 산책하는 척 안으로 쓰윽 들어가서 늑대 바로 옆으로 지나가 봤어. 늑대가 일어나서 나를 쫓아오더라고. 그런데 내가 더 빨랐어! 내가 나쁜 늑대보다 더 빠른가 봐!"

리고가 나무 조각을 이리저리 돌려 가며 씹으면서 말했어요.

"그거느 별로 대다나 니도 아닌걸."

"으으응?"

로사가 다시 물었어요.

"늑대보다 빠른 건 별로 대단한 일도 아니라고. 늑대 녀석도 이제 꽤나 늙었잖아."

로사는 조금 실망했어요.

그러다가 생각해 보았지요.

"궁금한 게 생겼어. 늙는다는 거, 늑대에게 좋은 일이야?"

리고가 나무 조각을 뱉었어요.

"그렇기도 하고 아니기도 해. 늙으면 가끔씩 몸이 좀 아프게 되거든. 그리고 예전만큼 몸이 빠르지도 않고, 예전만큼 잘 보이지도 들리지도 않아."

"듣고 보니 늙는다는 건 좋을 게 하나도 없겠는걸."

로사가 중얼거렸어요.

리고가 나무 조각을 옆으로 치워 놓으며 말했어요.

"그런데 또 그게 다가 아니거든. 늙으면 추억이 많아져. 추억은 풍경 같은 거야. 마치 높은 나무에서 먼 곳을 내려다보는 것과 비슷하지. 아름답고 평화로워. 그러다 문득 풍경들이 어떻게 서로서로 연결되어 있는지가 보이게 돼. 그런 걸 경험이라고 하는데, 이 경험을 간직한 채 나무에서 내려와 계속 살아가다 보면 현명해지는 거야."

"으으으응?"

로사가 되물었어요.

"그것도 참 궁금하네. 현명이 무슨 말이야?"

리고가 씨익 웃었어요.

"너를 잡을 수 없다는 걸 다 알면서도 널 기분좋게 해 주려고 따라 잡는 척을 한 아까 그 늑대, 참 현명한 친구지."

로사가 리고의 털에서 나무 조각 찌꺼기를 털어 냈어요.

"또 궁금한 게 있는데 말야, 만약 내가 늑대를 기분좋게 해 주려고 늑대에게 잡아먹혀 준다면, 그럼 나도 현명한 거야?"

리고가 눈을 껌뻑였어요.

"늑대 배 속이 어떻게 생겼는지 네가 정 궁금하다면야……."

생일

아가 펭귄들은 참 좋겠다.
생일 잔치를 일 년에 두 번이나 할 수 있으니까.

로사의 생일 잔치를 했어요.

리고는 로사에게 생일 축하 노래를 불러 주고, 로사를 하늘로 번쩍 던져 올렸다가 다시 받기도 했지요. 귓속말로 로사의 행복을 빌어 주고, 로사의 생일에 딱 맞춰 피어나기 시작한 데이지꽃을 찾아 주었지요.

'생일이라는 건 엄청 좋은 거구나.'

로사가 생각했어요.

로사와 리고는 나란히 앉아 둘이 가장 좋아하는 놀이를 했어요. 상상놀이였지요. 리고가 시작했어요.

"상상해 봐, 말코손바닥사슴들이 발굽 대신 바퀴를 달고 다닌다면!"

로사가 대답했지요.

"……그럼 걔네들은 헬멧을 써야겠네. 그런데 사슴뿔이 걸리적거리겠군."

이제 로사 차례였어요.

"상상해 봐, 저기 저 아저씨한테 나비 날개가 달려 있다면!"

리고가 대답했어요.

"……그렇다면 사람들이 저 아저씨한테도 동물 우리를 만들어 주겠지. 그리고 동물 우리에 붙은 안내판에다가 이렇게 써 놓을 거야. '천사. 먹이 주지 마세요.'라고."

다시 리고의 차례였어요.

"상상해 봐, 만약에 내 이름이 리고가 아니라 '몰라'라면……."

"그럼 저기 있는 아이가 엄마한테 물어보겠지. '저 동물 이름이 뭐예요?' 엄마는 이렇게 대답할 거야. '몰라!'"

리고가 깔깔 웃었어요. 리고는 아이를 한번 보더니 로사에게 물었어요.

"넌 아이들이 좋니?"

로사가 고개를 끄덕였어요.

"응! 아이들은 호기심이 많잖아. 폴짝 뛰는 것도 좋아하고, 머릿속엔 별별 생각들로 가득차 있지. 울다가 웃다가 또다시 금방 울어 버리기도 하고. 노래도 부르고 빵부스러기가 떨어져도 그냥 내버려 두지. 이 모든 게 정말 최고야! 그러는 넌 어떻게 생각해?"

리고는 곰곰이 생각했어요.

"나는 사람 아이들보다는 동물 아이들이 좋아. 펭귄 아가들이 태어났을 때 어땠는 줄 아니? 마치 기적 같았어. 펭귄 아가들은 어느 날 갑자기 하늘에서 뚝 떨어지는 게 아니거든. 엄마 펭귄이 알을 낳고 나면, 한참 시간이 지나서야 아가 펭귄들이 알을 깨고 나온단다. 참 번거롭지. 알을 깨고 나오는 과정은 또 얼마나 복잡한지 말이야. 아가

펭귄들이 드디어 엄마 아빠 없이 혼자 걸을 수 있게 되던 날, 녀석들이 뒤뚱뒤뚱 엉덩방아를 얼마나 찧어 대던지 모두들 한참 웃었단다."

로사도 같이 웃었어요.

"그러네. 알에서 나온다니 좀 웃기네. 그래도 아가 펭귄들은 참 좋겠다."

"왜?"

"생일 잔치를 일 년에 두 번이나 할 수 있으니까. 알로 태어난 날 한 번, 알을 깨고 나온 날 또 한 번."

심심해

너무 심심해.
심심해 죽겠는 표범으로 사는 건 너무 심심해.

로사는 귀를 긁적거렸어요.
리고는 한참 전부터 표범 우리 안을 빙빙 돌고 있었고요.
아니, 빙빙 도는 건 아니네요.
이쪽으로 갔다가 다시 저쪽으로 달렸어요.
그리고 또 이쪽에서 저쪽으로.
로사가 리고 앞을 막아섰어요.
"그만! 자꾸 그러니까 꼭 심심해 죽겠는 표범 같잖아."
리고는 제자리에 서서 오른쪽 눈꺼풀을 살짝 치켜올렸어요.
"어쩌면 내가 바로 그 심심해 죽겠는 표범인지도 모르지."
리고가 으르렁거렸어요.
로사가 고개를 갸우뚱하며 리고를 올려다보았어요.
"넌 심심해 죽겠는 표범이 되고 싶어?"
리고가 고개를 가로저으며 으르렁댔어요.
"너무 심심해. 심심해 죽겠는 표범으로 사는 건 너무 심심해."

로사는 생쥐로 살면서 동물원 여기 저기를 쏘다녔어요. 모든 동물들과 알고 지냈지요.

로사는 고개를 숙이고 땅바닥을 보며 리고 앞에서 왔다갔다했어요. 그러더니 풀줄기 하나를 쑥 뽑았지요.

"나 좀 봐봐. 말코손바닥사슴들은 심심하면 이렇게 하더라. 자……."
로사가 땅바닥에 반듯하게 누웠어요.
이번에는 입을 크게 벌리고 하품을 했지요.
"……악어들은 심심할 때 이렇게 하고. 이제 내가 누구 흉내를 내

는지 한번 맞혀 봐."

로사는 고개를 이리저리 흔들면서 땅바닥을 긁어 댔어요. 그러고는 "크아아아앙 크아아아아앙." 하는 소리를 냈지요.

리고가 깔깔 웃었어요.

"배가 축 처진 돼지!"

"틀렸어!"

"들소!"

"아니야!"

"기니피그!"

"그럴 리가!"

"곰!"

"그렇지!"

로사가 외쳤어요.

"이제 네 차례야."

리고는 총총걸음으로 표범 우리 안을 걸어다니며 엉덩이를 실룩실룩대고 "꽥! 꽥! 꽥!" 소리를 냈어요.

로사가 떼굴떼굴 구르며 웃었지요.

"너무 쉽잖아! 심심해 죽겠는 펭귄!"

다시 로사 차례예요.

이번에는 아주 어려운 것을 생각해 냈어요.

심심한 흰동가리예요.

하지만 리고는 곧바로 정답을 맞혔지요.

그런데 리고가 아무리 노력해도 흉내낼 수 없는 게 있었어요.

리고는 심심해 죽겠는 표범 흉내를 내고 싶었지만 자꾸 실패하고 말았지요.

자꾸만 웃음보가 빵 터져서는 바닥을 떼굴떼굴 굴러다녔거든요.

질문

어떤 질문은 말야, 여행을 시작하는 것과도 같아.
한 가지 질문에서 또다른 질문으로 넘어가게 되거든.
그게 계속되는 거야!

표범 우리 안 햇빛이 따뜻하게 비치는 자리에 리고가 몸을 쭉 펴고 누워 있었어요.

로사는 우리 앞에 서서 하늘을 올려다보다가, 눈을 가늘게 뜨고 말했지요.

"햇빛은 도대체 얼만큼이나 두꺼운 걸까?"

리고는 한쪽 귀를 쫑긋했어요. 그건 바로 '어려운 질문으로 날 귀찮게 하지 마라.'라는 뜻이지요.

하지만 여기에서 물러설 로사가 아니에요. 로사는 쏜살같이 달려가서 잽싸게 리고의 털 속으로 파고들었지요.

"도대체! 얼마나! 두껍냐고! 햇빛 말이야!"

리고 혼자만의 조용한 시간이 이제 끝나 버린 거예요. 겨우겨우 몸을 일으킨 리고가 하품을 하는 바람에 로사는 땅바닥으로 굴러 떨어졌어요.

리고가 대답했지요.

"햇빛의 두께는 정확히 팔 메가모스야."

로사는 깜짝 놀라 멈칫 했지요.

"그렇구나! 팔 메가……. 뭐라고?"

"메가모스."

"리고야, 메가모스가 뭐야?"

리고는 아주 진지한 얼굴로 대답했어요.

"메가모스는 어려운 질문을 받았을 때 언제든 써먹을 수 있는 말이야. 네가 지난번에 우주가 끝나는 곳에는 무엇이 시작되는 거냐고 물었잖아. 그럴 때 내가 '아주 커다랗고 푸르른 메가모스'라고 대답할 수도 있었던 거지. 또 누가 시소를 발명했는지 네가 알고 싶어 한다면 그건 '엠마 메가모스'인 거야. 엠마가 사는 동네 이름도 바로 그거지. 메가모스."

로사는 화가 났어요.

"너는 내 질문이 우습니? 이 메가점박이동물아!"

그러고 나서 로사는 한동안 잠잠했어요. 리고는 로사가 다음 질문을 준비하고 있다는 것을 이미 알아챘지요.

로사가 고개를 갸우뚱하며 아주아주 느린 말투로 물었어요.

"무엇이 정말 중요한 걸까. 질문일까, 대답일까?"

리고는 잠시 생각했어요.

그러고는 대답했지요.

"질문."

"왜?"

"바로 그거야. 왜란 항상 좋은 질문이지."

"그런데 왜 질문이 대답보다 중요한 거야?"

리고는 한숨을 내쉬었어요. 더이상 메가모스 장난도 통하지 않을 것 같았거든요.

"어떤 질문은 말야, 여행을 시작하는 것과도 같아. 눈을 크게 뜨고 귀를 활짝 열고 앞으로 쭉 가다 보면, 한 가지 질문에서 또다른 질문으로 넘어가게 되거든. 그게 계속되는 거야!
대답은 여행의 끝일 때가 많아. 아주 아름다운 질문 여행이 단 하나의 대답으로 끝나 버릴 수도 있어. 질문에 꼭 답이 있어야 하는 건 아니란다."

로사가 아주, 아주 천천히 고개를 끄덕였어요.
그러고는 물었지요.
"그럼 혹시 질문에 질문으로 대답할 수도 있을까?"

리고가 미소지으며 로사에게 되물었지요.
"둘이서도 여행을 할 수 있을까?"

사실

넌 내 친구잖아!
친구끼리는 사실만 말해야 해.
사실 말이야, 사실대로!

리고가 눈을 껌벅거렸어요.
뭔가 잘못된 것이 분명해요.
로사가 머리에 붕대를 칭칭 감고 표범 우리 안으로 느릿느릿 걸어 들어오는 게 아니겠어요.
리고는 자기가 뛸 수 있는 가장 빠른 속도로 (정말 재빨랐답니다.) 꼬마 친구 로사에게 뛰어갔어요.
"도대체 무슨 일이야?"
리고가 안절부절못하며 물었어요.
로사가 왜 그러냐는 듯 리고를 바라보았어요.
"이거 어때? 반짝이 머리끈을 발견했거든. 나 꼭 여왕처럼 아름답지 않아?"

리고가 로사를 찬찬히 바라보았어요.
'아하. 붕대가 아니라 머리끈이었군.'

리고는 웃음을 꾹 참으며 말했어요.

"내가 보기에는…… 내가 보기엔…… 참 특별해 보이네."

리고는 좀 곤란했지요.

갑자기 로사가 제자리에 멈춰서더니 앞발로 허리를 짚으며 단숨에 말했어요.

"넌 내 친구잖아! 친구끼리는 사실만 말해야 해. 사실 말이야. 사실대로! 자, 이제 다시 말해 봐. 나 어때?"

슬슬 짜증이 나기 시작한 리고는 한숨을 푹 내쉬었지요.

"그래, 좋아. 사실대로 말해 줄게. 넌 지금 땅바닥에 머리를 찧고 붕대를 칭칭 감고 있는 것처럼 보여. 어디 좀 아픈 애 같다고. 내 꼬마 친구 로사 같지가 않아."

눈이 휘둥그레진 로사가 리고를 빤히 쳐다보았어요.

"아니, 그게 사실이야? 내가 너한테 사실대로 말하자면 말야. 네가 말해 준 사실은 내 마음에 하나도 안 들어. 혹시 너 나한테 또 사실대로 말할 거 있어?"

리고는 로사의 머리를 쓰다듬었어요. 그 바람에 머리끈이 떨어져 버렸지요. 하지만 둘 다 알아채지는 못했답니다. 둘은 그냥 서로를 한참 바라보고 있었어요.

"또 사실대로 말할 건 생각나지 않아. 그냥 네가 아까 머리에 두른 그게 마음에 안 들었을 뿐이야. 그런데 또다른 사실을 말해 줄까? 나는 새로운 걸 시도하는 네 모습이 좋아. 난 네가 좋아. 머리에 붕대가 있든 없든 상관없이."

되돌리기

나는 가끔씩 되돌릴 수 있었으면 하는 생각이 들어.
없던 일로 하고 새로 시작하는 거지.

리고는 표범 우리에서 가장 구석진 곳에 앉아 있었어요.
지금까지 그런 일은 별로 없었는데 말이에요.
좋은 징조는 아니에요.
로사가 리고에게로 다가갔어요.
리고는 기분 나쁜 표정을 지으며 꼬리로 땅바닥을 쓸고 있었어요.
"저기……, 리고야?"
로사가 말을 걸었어요.
대답이 없네요.
"배고파? 피곤해? 이가 아파? 전기가 나갔나?"
대답이 없어요.
"리고야! 그렇게 슬픈 표정으로 세상을 보고 있으면 네가 정말 작고 쪼글쪼글해 보인단 말이야. 내가 너한테 좋은 공기를 좀 불어넣어 줘야겠는걸. 어디로 넣으면 되는 거니?"
리고는 콧김을 내뿜었어요.
"죄책감이 들어서 그래. 오늘 아침에 저기 앞에, 내 표범 우리 앞에서 어떤 아이를 놀라게 했거든. 걔가 울었어."

로사는 사랑스러운 표범 친구를 꼬옥 껴안아 주고 싶었어요. 아이를 놀라게 했다고 죄책감을 느끼는 표범이라니……. 참 귀엽잖아요.

하지만 로사는 "그랬구나."라고만 대답했지요.

리고는 딱딱한 땅바닥을 발톱으로 긁어 댔어요. 파리 한 마리가 윙윙거렸어요. 그것 빼고는 아주 조용했어요.

드디어 리고가 입을 열었어요.

"나는 가끔씩 되돌릴 수 있었으면 하는 생각이 들어. 되돌리기. 없던 일로 하고 새로 시작하는 거지. 더 낫게 말이야."

로사는 리고의 생각이 마음에 들었어요.

"맞아. 내가 갉아먹은 호두가 썩었으면, 그걸 뱉어 내는 것처럼. 하지만 없던 일로 만들 수 없는 것들도 있어. 표범 우리 안에서 으르렁거리고 씩씩거렸던 소리를 다시 목구멍 안으로 집어넣을 수는 없지."

리고는 발톱으로 땅바닥에 지그재그 무늬를 그렸어요.

아까 그 파리가 자꾸 리고의 콧등에 앉았어요.

리고는 몸을 흔들어 파리를 쫓았지요.

그러다가 결국 파리를 날쌔게 낚아채더니 꿀꺽 삼켜 버렸어요.

그 모습을 본 로사가 미소지었어요.

'표범은 역시 표범이네.'

로사는 리고의 앞발 위에 올라타 다리를 흔들거렸어요.

"내 생각에는 말야, 아까 그 아이는 이미 한참 전에 울음을 그쳤을 거야. 오늘 저녁에 집에 가서는 몸집이 크고 늠름한 표범 이야기를 하겠지. 그리고 네가 냈던 으르렁 소리를 따라해 볼 거야. 그럼 모두들 웃을 테지.

　자, 이제 네가 이렇게 말할 차례야. '실수야, 안녕? 네가 나를 찾아오다니 유감이야.' 그러고 나서 너는 실수한테 다정하게 손을 흔들어 주면 돼. '잘 가!' 그럼 아까 그 귀찮은 파리를 쫓아 버렸던 것처럼 실수를 털어 버리게 되는 거지. 누구나 실수를 한단다. 심지어 우리 생쥐들도."

"너무 맛없더라."
리고가 말했어요.
"뭐가?"
"아까 그 파리란 놈."

사진

사람들은 모든 것을 가져가고 싶어하는 것 같아.
그래서 사진을 찍는 거야.

"찰칵!"
리고가 사진 찍혔어요.
"찰칵!"
다시 한 번.
리고는 전혀 신경 쓰지 않았어요.
"찰칵!"
 사실 리고는 사람들이 작은 네모 상자를 가지고 하는 저 일이 좀 웃기다고 생각했어요.
 로사는 표범 우리 안에 있는 작은 언덕 꼭대기에 올라서서 자기도 사진 찍혔으면 좋겠다고 생각했지요. 하지만 아무도 생쥐를 보지 못했어요. 로사는 손을 흔들어 보고, 큰 소리로 사람들을 불러도 보고, 메롱메롱 혀를 쏙 내밀어도 보았지요. 하지만 아무도 보는 사람이 없어서 별로 재미있지 않았답니다.

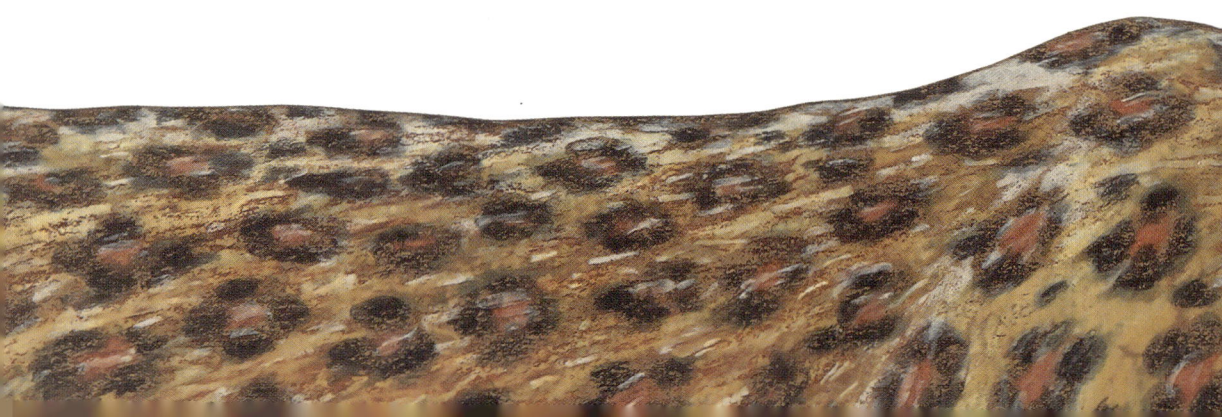

어느새 리고가 로사 옆에 서 있었어요.

"목말 태워 줄까?"

로사는 너무 좋아서 앞발로 박수를 쳤지요. 로사는 잽싸게 리고 등에 기어올라 머리 위로 사뿐사뿐 올라가서는 리고의 귀를 꼭 붙들었어요. 리고는 표범 우리 안 여기저기를 달리다가 울타리 바로 앞에 멈춰 서기도 하고, 갑자기 방향을 틀어 흙먼지를 일으키기도 했지요.

그리고는 또 반대쪽으로 달려갔어요. 로사는 신나서 소리를 질렀지요. 리고와 쌩쌩 달리는 게 너무 좋아서 "찰칵! 찰칵! 찰칵!" 소리를 알아채지 못했답니다.

그러고 나서 리고는 숨을 헥헥거리며 언덕에 올라 앉았어요. 리고의 양쪽 귀 사이에 자리 잡은 로사가 물었지요.

"사람들은 왜 모든 것을 사진으로 찍는 걸까?"

리고도 왜 그럴까 생각해 본 적이 있었어요.

"내 생각에 사람들은 모든 것을 가져가고 싶어하는 것 같아. 표범도 가져가고 싶은 거지. 그래서 사진을 찍는 거야. 사람들은 물건을 좋아하니까."

로사가 리고를 내려다보며 물었어요.

"그럼 아이들도 마찬가지일까?"

리고는 로사가 떨어지지 않도록 천천히 고개를 저었어요.

"아이들은 어른들보다 더 잘 볼 수 있는 것 같아. 지금 여기. 바로 이 순간을. 똑바로. 아이들은 어른들이 보지 못하는 것들도 모두 볼 수 있지. 어른들은 집에 도착해서야 동물원을 보기 시작하거든. 사진으로 말이야."

로사가 킥킥 웃었어요.

"오늘 저녁에 집에서 동물원 사진을 보다가, 어떤 아이가 말하겠지. '와! 엄마도 표범 귀를 붙잡고 있던 생쥐가 마음에 들었어요? 이 사진에 생쥐가 정말 잘 나왔…….' 그럼 엄마가 이렇게 말할 거야. '이건 생쥐가 아니야. 그냥 표범 귀야.' 그럼 아이가 다시 이렇게 말하겠지. '이것 좀 보세요, 표범 귀가 세 개예요!' 그럼 엄마는 '흔들렸네.'라며 사진을 지워 버리겠지."

리고가 다시 몸을 일으켰어요.

"자, 또 흔들린 사진 좀 만들어 볼까!"

친구

좋은 친구와는 서로 이야기도 나누고, 함께 웃고,
말 없이 곁에 있을 수도 있는데다가
남들이 보지 못하는 것까지 같이 볼 수 있는 거구나.

로사는 등을 기대고 편안하게 누워 있었어요.
리고에게 등을 기대고 누워 있었단 이야기지요.
부드럽고 따뜻한 리고의 털에서는 우정의 향기가 났어요.
로사는 곰곰이 생각해 보았어요. 로사는 리고와 함께 있는 게 좋았어요. 리고는 덩치도 크고 힘도 세지요. 이야기도 참 잘 통하고, 같이 있으면 웃음이 나는 친구예요.

로사는 리고에게 선물을 주고 싶어졌어요.
리고가 받아 보고 아주 기뻐할 어떤 걸로요.
그런데 무슨 선물을 하면 좋을까요?
아무것도 떠오르지 않았어요.
리고가 고개를 돌려 로사를 바라보았어요.
"오늘은 네가 말이 없네. 너랑 이야기가 잘 통하고 함께 웃을 수 있다는 건 알았지만, 말 없이도 너랑 같이 잘 있을 수 있다는 건, 그동안 몰랐었어……"

로사가 앞발로 리고의 등을 긁어 주었어요. 좋은 친구에게는 모든 것을 말해 주고 싶은 법이기에, 로사는 말을 꺼냈지요.

"너에게 뭔가 선물을 하고 싶어졌어. 그런데 무슨 선물을 하면 좋을지 모르겠어. 뭐 원하는 거 있어?"

리고는 기분 좋은 얼굴로 눈을 감고 대답했어요.

"내가 원하는 건 네가 좀 더 위쪽을 긁어 주었으면 하는 거? 그거 말고는 바라는 거 없어."

로사가 등을 긁어 주었지요.

잠시 후 로사는 어디론가 재빠르게 달려 나갔어요. 뭔가 좋은 생각이 떠올랐나 봐요.

로사는 양팔 가득 눈에 보이지 않는 아주 커다란 물건을 들고 다시 돌아왔어요. 리고가 몸을 똑바로 일으켰어요.

"뭘 들고 오는 거야?"

"너한테 줄 선물이야, 리고야!"

로사가 숨을 헥헥거리며 대답했지요. 로사는 보이지 않는 물건을 리고의 앞발 앞에 놓았어요. 그러고는 자랑스럽게 말했지요.

"새끼 양이야. 지금까지 아무도 보지 못한 아주 예쁜 새끼 양. 게다가 아주 투명해."

리고는 감동했어요.

"와! 새끼 양이라고! 정말 예쁘다! 그리고 정말 투명한걸! 고마워, 로사야! 정말 멋지다. 이리 와, 새끼 양을 저기 바위 위에 세워 두자. 우리 귀여운 새끼 양이 저기서 햇빛을 받으면 더 예쁠 거야."

'그러네.'

로사가 생각했어요.

'좋은 친구와는 서로 이야기도 나누고, 함께 웃고, 말 없이 곁에 있을 수도 있는데다가 남들이 보지 못하는 것들까지 같이 볼 수 있는 거구나.'

로사와 리고는 같이 새끼 양을 바위 위에 올려 두고 한참을 바라보았답니다.

걱정

우리가 걱정을 할 필요가 있겠어.
우리가 생각해 봤던 것보다 훨씬 나쁜 일들이 닥칠 수도 있으니까.

"안녕, 꼬마 생쥐야!"
리고가 큰 앞발로 로사를 살짝 건드렸어요.
"리고야, 나 너무 걱정 돼. 저기 막대사탕을 먹는 아이 좀 봐."
"소중한 내 친구 로사야, 그건 별로 걱정할 일은 아닌 것 같은데."

"지금이야 그렇지. 내가 걱정되는 건, 언젠가 저 아이는 막대사탕을 다 먹을 텐데, 그러면 저 플라스틱어쩌구저쩌구로 된 사탕 막대기를 길바닥에 그냥 버리고 말 거라는 거야."
"소중한 내 친구 로사야. 그것도 별로 걱정할 일은 아닌 것 같아."
"그렇지만 사육사가 땅에 떨어진 플라스틱어쩌구저쩌구 막대기를 발견하면 어떡해. 그럼 사육사는 생선이 가득 담긴 펭귄 먹이통을 땅바닥에 잠시 내려놓고 사탕 막대기를 주워서 쓰레기통에 집어넣을 거라고."
"소중한 내 친구 로사야, 그게 뭐가 잘못되었다는 거야?"
"사육사가 사탕 막대기를 버릴 땐 펭귄 먹이통을 분명 땅바닥에 둘 거 아냐. 그런데 동물원에 놀러온 어떤 사람이 멍하게 말코손바닥사

슴을 쳐다보며 걷다가 먹이통에 걸려 비틀비틀 넘어지면 어떡해. 그럼 생선들이 모두 길거리로 미끄러지며 쏟아지겠지."

"소중한 내 친구 로사야, 그건 좀 재미있겠는걸?"
"아니지! 그러면 사육사가 얼른 뛰어와서 그 사람을 일으켜 줄 거야. 그러다가 사육사는 생선을 밟고 미끄러져서 다리가 부러지겠지."
"그럼 좀 곤란하긴 하겠다, 소중한 내 친구 로사야."
"펭귄들은 생선도 못 먹을 테고."
"그건 그다지 나쁘지 않은 것 같은데, 소중한 내 친구 로사야."
"어째서?"
"그러면 펭귄들은 밥 먹는 시간 대신에 생각할 시간을 갖게 될 테니까. 그러면 자기들도 새라는 생각이 들게 될 거야. 그러면 작은 날개를 파닥파닥거리기 시작하겠지. 그러다가 한 마리씩 펭귄 우리 밖으로 행복하게 날아갈 거야."
로사의 눈이 휘둥그레졌어요.
"그러다 한 마리쯤은 땅으로 떨어질 수도 있잖아! 아, 걱정되네……."

리고가 고개를 끄덕였어요.
"네 말이 맞네, 로사야! 우리가 걱정을 할 필요가 있겠어. 걱정을 아주 많이 해야겠어. 우리가 생각해 봤던 것보다 훨씬, 훨씬 나쁜 일들이 닥칠 수도 있으니까.

저기 좀 봐. 아까 그 아이가 사탕 막대기를 길바닥에 안 버리고 쓰레기통에 넣었어. 이제 저 가여운 펭귄들은 평생 날아 보지도 못하게 되었잖아."

해 봐

어떤 일이 일어나기를 바란다면, 그 일을 네 스스로 해 봐야 해.
그러다 보면 그 일이 정말로 너 하기 나름이 되는 거야.

리고는 표범 우리를 쓰윽 둘러보았어요. 나무 몇 그루가 더 있으면 참 멋질 것 같다고 생각했지요. 그러고 나서 발치에 있는 웅덩이를 들여다보았어요. 웅덩이에 리고의 얼굴이 비쳤어요. 비록 나이가 좀 많고 가끔씩 비틀거리기는 하지만, 리고는 자기가 아직 힘세고 멋있다고 생각했어요.

웅덩이 반대편에는 로사가 서 있었어요. 로사의 작은 얼굴도 웅덩이에 비쳤어요. 로사도 자기가 힘세고 멋있다고 생각했어요.

로사는 리고를 올려다보며 말했어요.

"오늘은 내가 세상을 바꿔 보겠어."

리고는 감히 웃을 수가 없었어요.

그저 "아, 그래?"라고만 했지요.

로사는 다시 웅덩이를 들여다보았어요. 작은 무당벌레 한 마리가 어디선가 날아오더니 웅덩이에 풍덩 빠져 버렸어요. 몸이 뒤집히는 바람에 날개는 웅덩이 물에 젖고 다리는 허공에서 허우적허우적. 무당벌레는 어쩔 줄 모르고 바둥거렸지요.

로사는 곧장 웅덩이로 뛰어들더니 물속에서 조심조심 무당벌레를 건져 내었어요. 그러고는 마른 나뭇잎을 가져와 그 위에 무당벌레를 눕혔지요. 무당벌레는 이리저리 기어다니며 더듬이를 닦았어요. 그러고 나서 날개를 활짝 펴더니 하늘 높이 날아갔지요.
"봤어? 내가 세상을 바꿨잖아!"

리고는 이해하지 못했어요.
"고작 무당벌레 한 마리로? 무슨 소리야?"
로사가 웅덩이로 폴짝 뛰어들어가며 리고에게 물을 튀겼어요. 그러더니 씨익 웃으며 고개를 저었지요.
"넌 아직 아무것도 모르는구나. 우리가 하는 일은 모두 다 중요한 거야. 어떤 일이 일어나기를 바란다면, 그 일을 네 스스로 해봐야 해. 마치 그 일이 오롯이 너한테 달려 있는 것처럼 말이야. 그러다 보면 그 일이 정말로 너 하기 나름이 되는 거야."

리고가 비틀비틀 일어나더니 표범 우리 모퉁이로 달려갔어요. 그러더니 갑자기 아주 분주하게 앞발로 땅을 파헤치기 시작했지요. 어리둥절해진 로사가 물었어요.
"거기서 뭐 하는 거야?"
집중한 리고가 고개도 들지 않고 대답했어요.
"도토리 하나를 찾았거든. 도토리 나무를 심는 거야."

이야기

행운이 좀 따라 준다면, 이야기는 계속될 수 있을 거야.
우리 마음속에서.

로사가 앞으로 성큼 나서며 말했어요.
"그리고 나서 로사는 용감하게 한 걸음 앞으로 나아갔다."
로사는 마른 나뭇잎 하나를 집어 들더니 잘게 찢으면서 말을 이었어요.
"못생긴 나뭇잎을 갈기갈기 찢는 걸 아무도 방해할 수 없었다."
리고가 로사 곁에 다가가자, 로사가 계속했어요.
"갑자기 아주 거대하고 위험한 동물이 로사의 눈 앞에 나타났다. 하지만 로사는 두렵지 않았다. 로사가 이 무시무시한 야수의 눈을 똑바로 쳐다보자 그는 벌벌 떨기 시작했다."

리고가 깔깔 웃으며 말했어요.

"그 거대한 동물이 웃었다."

로사가 흥분해서 이야기했지요.

"이야기를 하나 지어 봐야겠어! 너와 나의 이야기! 그런데 어떻게 시작하면 좋을지 모르겠네."

"이렇게 해봐. 생쥐 한 마리가 표범을 데리고 세상 구경을 떠났다."

로사가 고개를 절레절레 저었어요.

"그건 말이 안 되잖아."

리고가 로사에게로 바짝 다가가더니 귓속말로 속삭였어요. 무슨 중요한 비밀을 말하는 것처럼요.

"이야기의 좋은 점이 바로 그거거든. 뭐든지 꾸며 낼 수 있다는 것. 아주 불가능한 것까지 말이야. 그렇게 상상을 하다 보면, 우리 마음속에서는 그게 사실이 되는 거야."

로사는 뭔가 알 것 같았어요. 곰곰이 생각해 보았지요.

"그럼 내가 이렇게 이야기할 수도 있겠네? 표범이 생쥐를 잡아먹었다고? 그러면 우리 마음속에서, 그러니까 우리의 상상 속에서는 그게 사실이 되는 거네. 사실 생쥐는 표범 배 속에 없는데 말이지……. 왜냐하면, 나는 지금 여기 있으니까."

"맞아, 그럴 수도 있는 거야. 그런데 이야기를 꾸며 낼 때엔 아주 조심해야 해. 넌 네 이야기 속의 생쥐와 표범을 책임져야 하거든. 넌 생쥐와 표범과 함께하는 거야. 남들에게 네가 꾸며 낸 이야기를 들려주게 되면, 그 사람들도 마찬가지로 생쥐와 표범과 함께하게 되는 거야.

그런데 생쥐가 잡아먹히면 네 이야기를 알게 된 모든 사람들은 아주 슬퍼하겠지. 표범을 미워하는 사람들이 생길지도 몰라."

"그렇구나, 그럼 나를 살려 두겠어. 물론 너도 살려 줄게."

"고맙다!"

리고가 대답하며 날카로운 발톱으로 로사의 배를 장난스레 쿡쿡 찔렀어요.

로사가 이야기꾼 목소리로 말했어요.

"그리고 표범이 생쥐를 간지럽혔다. 생쥐가…… 생쥐는…… 음……, 리고야, 이야기는 어떻게 끝맺는 거야?"

"이야기는 끝나지 않아도 괜찮아. 네가 이야기하기를 그만할 수는 있지. 행운이 좀 따라 준다면, 이야기는 계속될 수 있을 거야. 우리 마음속에서."

로렌츠 파울리 Lorenz Pauli

1967년에 태어났습니다. 유치원에서 아이들을 가르치면서 동화와 동시를 쓰고, 동요 음반과 라디오 방송극까지 만드는 재주 많은 작가입니다. 2003년 오스트리아 정부로부터 동시 부문 명예 표창장을 받았고, 2012년에는 그림책 『할머니, 엠마, 엄마』로 IBBY 어너리스트에 올랐답니다. 우리나라에 소개된 책으로는 『끝없이 이어지는 리고와 로사의 생각 여행』, 『도서관에 간 여우』, 『네가 있어 난 행복해』, 『포근한 크리스마스』 등이 있습니다.
www.mupf.ch

카트린 섀러 Kathrin Schärer

1969년에 태어났습니다. 스위스 바젤 조형대학에서 미술 교육과 예술을 전공했습니다. 특수학교에서 아이들을 가르치면서 그림책을 만들고 있습니다. 우리나라에 소개된 책으로는 2010년 독일 청소년 문학상 최종 후보에 오른 『요한나의 기차여행』, 작가 로렌츠 파울리와 함께 작업한 『끝없이 이어지는 리고와 로사의 생각 여행』, 『포근한 크리스마스』, 『누가 더 용기 있을까』, 『네가 있어 난 행복해』 등이 있습니다. 2012년 한스 크리스티안 안데르센 상과 2014년 아스트리드 린드그렌 상 후보에 올랐습니다.
www.kathrinschaerer.ch

국세라

한국외국어대학교에서 독어학 전공으로 박사 학위를 받고, 지금은 독일 뮌헨에서 독일어권 책을 우리말로 번역하는 일을 합니다. 『끝없이 이어지는 리고와 로사의 생각 여행』을 우리말로 옮겼습니다.

리고와 로사가 생각 여행을 떠났다

1판 1쇄 2017년 8월 14일 1판 4쇄 2025년 12월 1일 | 글 로렌츠 파울리 | 그림 카트린 섀러 | 옮김 국세라
편집 이은파 | 아트디렉팅 이인영 | 디자인 림어소시에이션 | 찍은곳 동인AP 031. 943. 5401 | 펴낸이 김구경
펴낸곳 고래뱃속 | 출판등록 제2021-000057호 | 주소 서울특별시 강서구 강서로56가길 37, 502호
전화 02. 3141. 9901 | 전송 0303. 3448. 9901 | 전자우편 goraein@goraein.com | 홈페이지 www.goraein.com
페이스북 goraein | 유튜브 goraein | 인스타그램 고래인 goraein, 고래뱃속 goraebaetsok | ISBN 978-89-92505-69-7 73850
Rigo und Rosa | Text by Lorenz Pauli, Illustration by Kathrin Schärer | 1,000 printed | Copyright ⓒ 2016 Atlantis Verlag, an Imprint of Orell Füssli Verlag AG, Zürich, Switzerland | All rights reserved. | Korean translation rights is arranged with Atlantis Verlag, Zürich through Ool Literary Agency. | Korean language edition ⓒ GORAEBAETSOK. 2017
이 책의 한국어판 저작권은 울리터러리를 통해 저작권자와 독점 계약한 고래뱃속에 있습니다. 저작권법에 따라 한국 내에서 보호를 받는 저작물이므로 무단 전재와 무단 복제를 금합니다.

 제품명 리고와 로사가 생각 여행을 떠났다 | 제조자명 고래뱃속 | 제조국명 대한민국 | 인증유형 공급자 적합성 확인 | 사용 연령 7세 이상
주소 서울특별시 강서구 강서로56가길 37, 502호 | 전화 02.3141.9901 | 제조일 2025년 12월 1일 | KC마크는 이 제품이 공통안전기준에 적합하였음을 의미합니다. | ▲주의 아이들이 책을 입에 대거나 모서리에 다치지 않게 주의하세요.